TRINITY
KREATIV

Für Daniel, Almerinda und Coskun

Die französischsprachige Originalausgabe ist erstmals 2014
unter dem Titel *101 messages pensées positives à colorier*
bei Éditions First, Paris erschienen.

www.editionsfirst.fr
Illustrationen © Lisa Magano
Texte: Charlotte Legris

MIX
Papier aus verantwortungsvollen Quellen
FSC® C084279
FSC www.fsc.org

Umschlaggestaltung: Guter Punkt, München | www.guter-punkt.de,
unter Verwendung des Originalmotivs
Satz: Veronika Preisler, München
Druck und Bindung: Print Consult GmbH, München
ISBN 978-3-95550-175-4

www.trinity-kreativ.de

LISA MAGANO
CHARLOTTE LEGRIS

101 POSITIVE GEDANKEN *zum Ausmalen* UND ENTSPANNEN

Aus dem Französischen
von Claudia Seele-Nyima

TRINITY
KREATIV

Lisas Tipps – So gelingt's:

Ausmalen mit Farbstiften

Mit Farbstiften lassen sich bei all meinen Zeichnungen im Buch schöne Schattierungen erzielen und durch Mischen der Farbtöne ganz eigene Nuancen kreieren.

Nehmen Sie am besten eher weiche Stifte. Damit die Farbe schön gleichmäßig wird, sollten Sie den Stift immer in eine Richtung bewegen – nicht hin und her – und nach und nach mehrere dünne Schichten übereinanderlegen.

Ausmalen mit Filzstiften

Ob dicke, mittlere oder dünne Filzstifte – variieren Sie nach Belieben. Es gibt nur zwei Regeln: Drücken Sie nicht zu fest auf und gehen Sie mit dem Stift nicht mehrmals über dieselbe Stelle. Vorsicht: Marker auf Alkoholbasis drücken bis auf die Rückseite des Papiers durch, unabhängig vom Hersteller.

Ausmalen mit Aquarellstiften

Kolorieren Sie zuerst und streichen Sie dann mit einem angefeuchteten Pinsel über einen ausgewählten Bereich, um ihn in ein Aquarell zu verwandeln. Achten Sie aber darauf, dass das Papier nicht zu feucht wird, sonst wellt es sich.

Es geht los:
Lassen Sie sich von den folgenden Gedanken inspirieren und genießen Sie den Flow des Kreativwerdens.
Viel Spaß dabei!

JEDER TAG IST EIN
UNBESCHRIEBENES BLATT.

Ich konzentriere
mich auf das,
was mich
glücklich macht.

Eine Niederlage kann der Sieg von morgen sein.

EIN ZIEL PRO TAG –
DAS IST
DAS GEHEIMNIS,
WIE GROSSES
VOLLBRACHT
WERDEN KANN.

Ich betrachte die Farben,
nehme den Duft der
Natur wahr.

Mein Weg ist mein Ziel: Ich genieße den Spaziergang.

Ich teile mein Glück, es wird sich vervielfachen.

Regen ist ein Versprechen, dass es wieder aufklaren wird.

DAS MORGEN
MUSS ERFUNDEN
WERDEN.

Ich schaue in den Himmel,
damit meine Seele sich erhebt.

HEILUNG
BEDEUTET
WIEDER GANZ
WERDEN

Ich lausche der Stille.

Loslassen heißt, über das Wesentliche nachdenken

JEDEN TAG SO
VERBRINGEN,
ALS SEI ER EIN
GANZES LEBEN

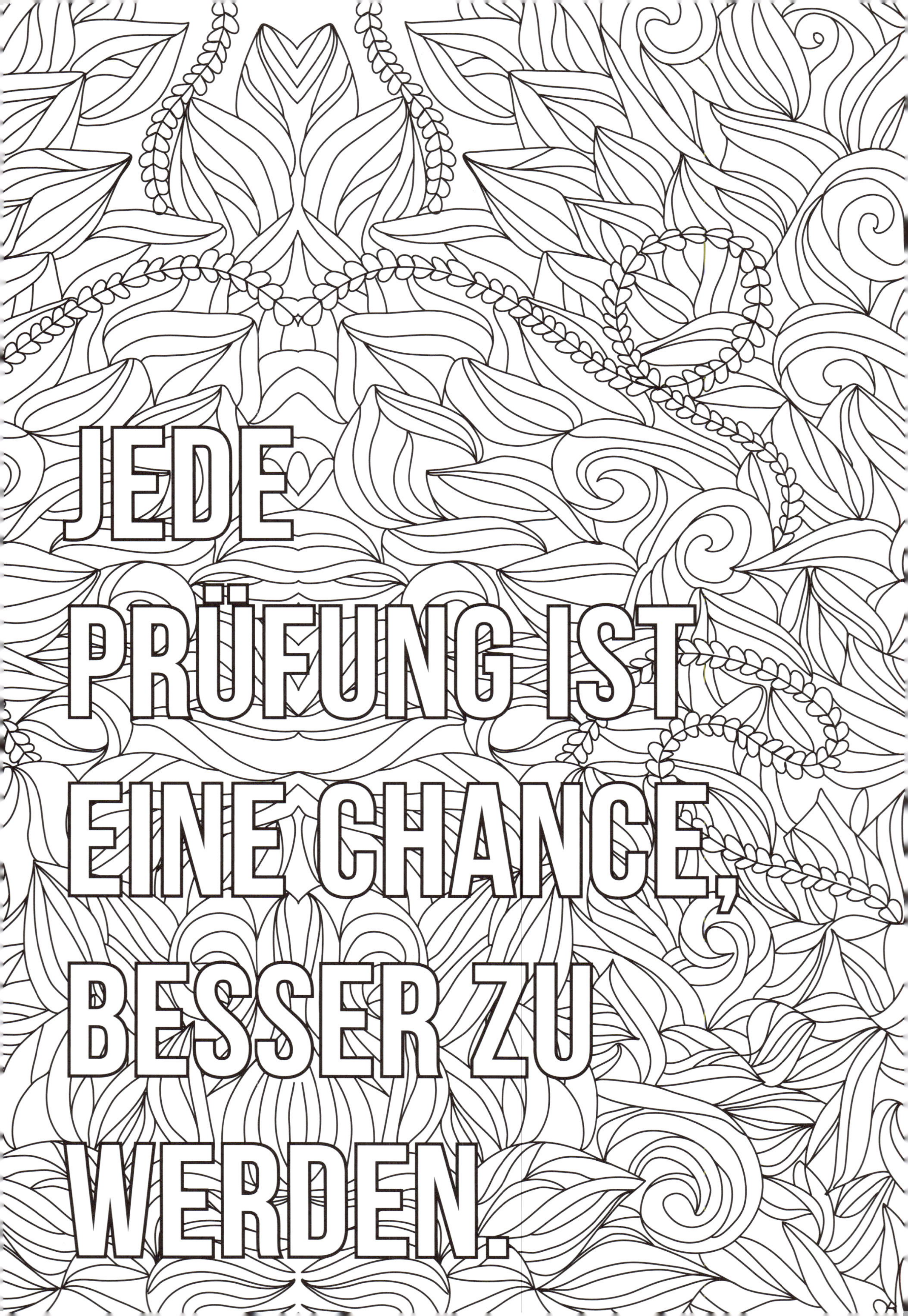
JEDE
PRÜFUNG IST
EINE CHANCE,
BESSER ZU
WERDEN.

DAS LEBEN
IST ZU KURZ,
UM SICH
ZU BEEILEN.

Ich tue,
was ich
liebe,
damit ich
liebe,
was
ich tue.

Nur trockenes Laub trägt der Wind mit sich.

ERFOLG IST NUR
DANN MÖGLICH,
WENN ICH IHN
MIR AUS TIEFSTEM
HERZEN WÜNSCHE.

Was kann ich tun, um *glücklich* zu sein?

Was ist der Sinn
meines Lebens?

Das, was ich morgen besorgen kann,
auf heute verschieben.

DIE HÄNDE
ÖFFNEN IST
DIE ERSTE GESTE
AUF DEM WEG
ZUR FÜLLE.

Ich entscheide mich dafür, glücklich zu sein.

Einfachheit ist der größte Reichtum.

Das Glück ist nur in mir –
nirgendwo sonst.

Ich gestalte mein Schicksal.

MEINE
TRÄUME
NÄHREN
MICH.

EIN KOPF,
ZWEI ARME,
ZWEI BEINE
SIND DIE
BESTEN
WERKZEUGE
DER WELT.

Mein Alltagsleben ist ein Schatz.

DAS SEIN
ZÄHLT –
NICHT DAS
HABEN.

Staunen ist eine Kraft.

ICH WARTE NICHT
AUF DAS ENDE DES
GEWITTERS,
SONDERN BEWUNDERE
DIE BLITZE.

Jeden Tag lachen –
so sorge ich
für mich selbst.

EIN WAHRES
GESCHENK IST EINES,
DAS GEGEBEN WIRD,
OHNE DANKBARKEIT
ZU ERWARTEN.

ICH LASS MICH IN ALL
MEINEN HANDLUNGEN
VON WOHLWOLLEN
LEITEN.

Erfolg
erfordert
Talent
und vor
allem
Mut.

Ich nutze mein Leben und werde ich selbst.

ICH DENKE
NICHT AN DAS,
WAS GESCHEHEN
KÖNNTE, SONDERN
NUR AN DAS,
WAS IST.

ICH LERNE,
JA ZU SAGEN!

Was kann ich tun,
um andere glücklich zu machen?

Das Leben ist Optimisten wohlgesonnen.

Ich bin in der Welt – ganz präsent.

Ich atme, also bin ich.

DIE BESTEN DINGE
GESCHEHEN, WENN
MAN SIE GAR NICHT
ERWARTET.

Miteinander sprechen kann alles verändern.

Anerkennung kann man gar nicht oft genug äußern.

Ich reiße die Mauern ein, öffne die Tore meines Geistes!

ICH HOFFE WEITERHIN BEI EINEM »NEIN«, DASS ES NUR EIN »NICHT JETZT« IST.

Ein »Warum« ist stärker als ein »Weil«

Was kann ich tun, um mein Leben zu ändern?

Mit leichtem Gepäck kann man weiter reisen.

Aus Zuneigung erwächst die stärkste Verbundenheit.

Ich bin
präsent
im Hier
und Jetzt.

Fantasie ist ein unveräußerliches Recht.

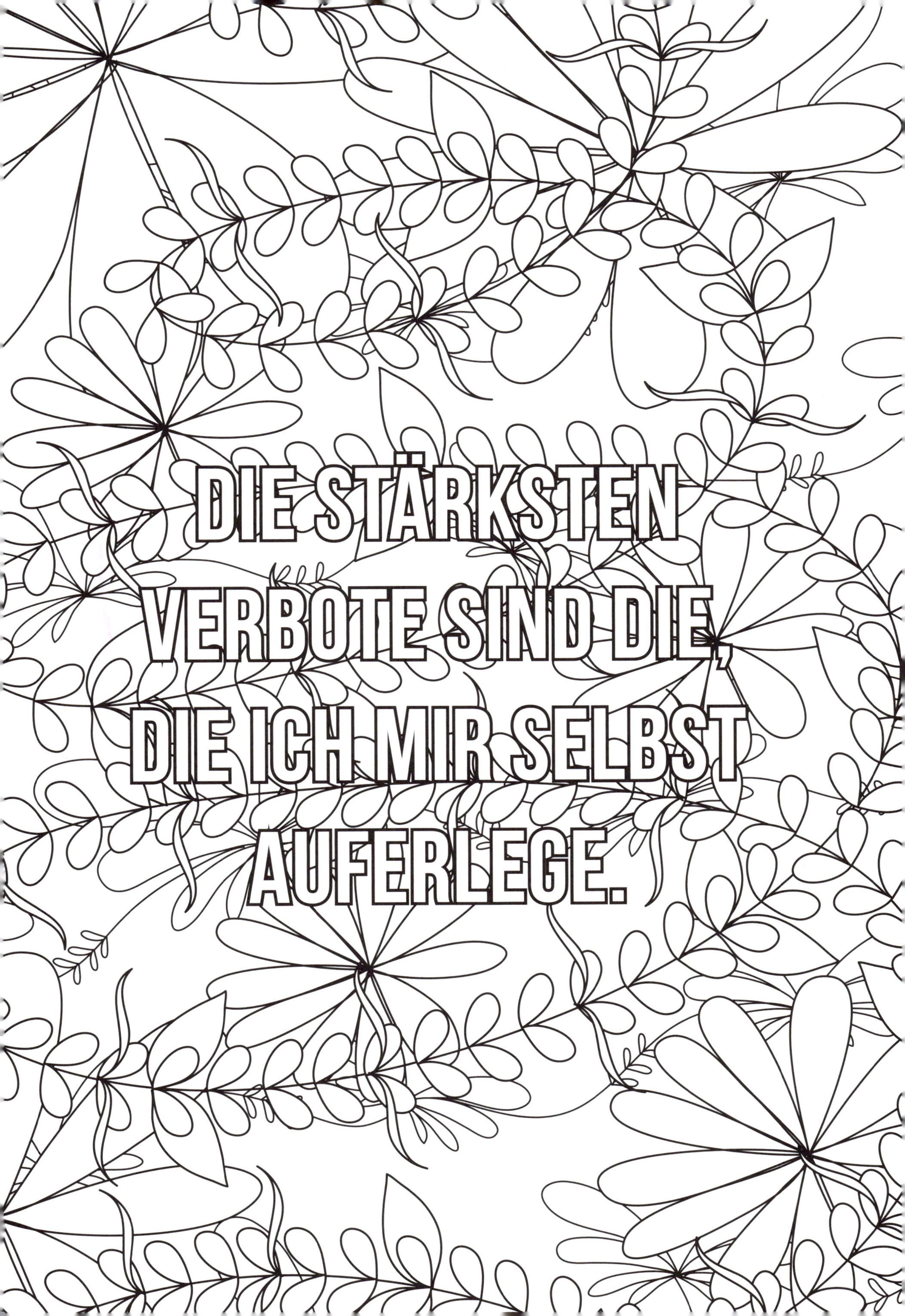
DIE STÄRKSTEN
VERBOTE SIND DIE,
DIE ICH MIR SELBST
AUFERLEGE.

Liebe
vermag alles.

Mut
vermag alles.

Das Glück liegt vor meinen Augen, ich muss nur lernen, es zu sehen.

Glück ist das Talent, Gelegenheiten zu erkennen.

Das Glück liegt im Handeln.

Im Gras liegen und
in den Himmel blicken

DURCH
GROSSZÜGIGKEIT
GEGENÜBER ANDEREN
BESCHENKE ICH
MICH SELBST.

STREBE ICH
EINE GLÄNZENDE
ZUKUNFT AN, MUSS
ICH ETWAS FÜR
MEINEN ALLTAG TUN.

Wenn alles verloren ist, bleibt noch der Wille.

Will man die *Welt* ändern, muss man sich *selbst* ändern.

Lächeln ist eine Weltsprache.

MEDITATION
IST EINE
VERABREDUNG
MIT SICH SELBST.

Ich verwandle meinen Zorn in Energie.

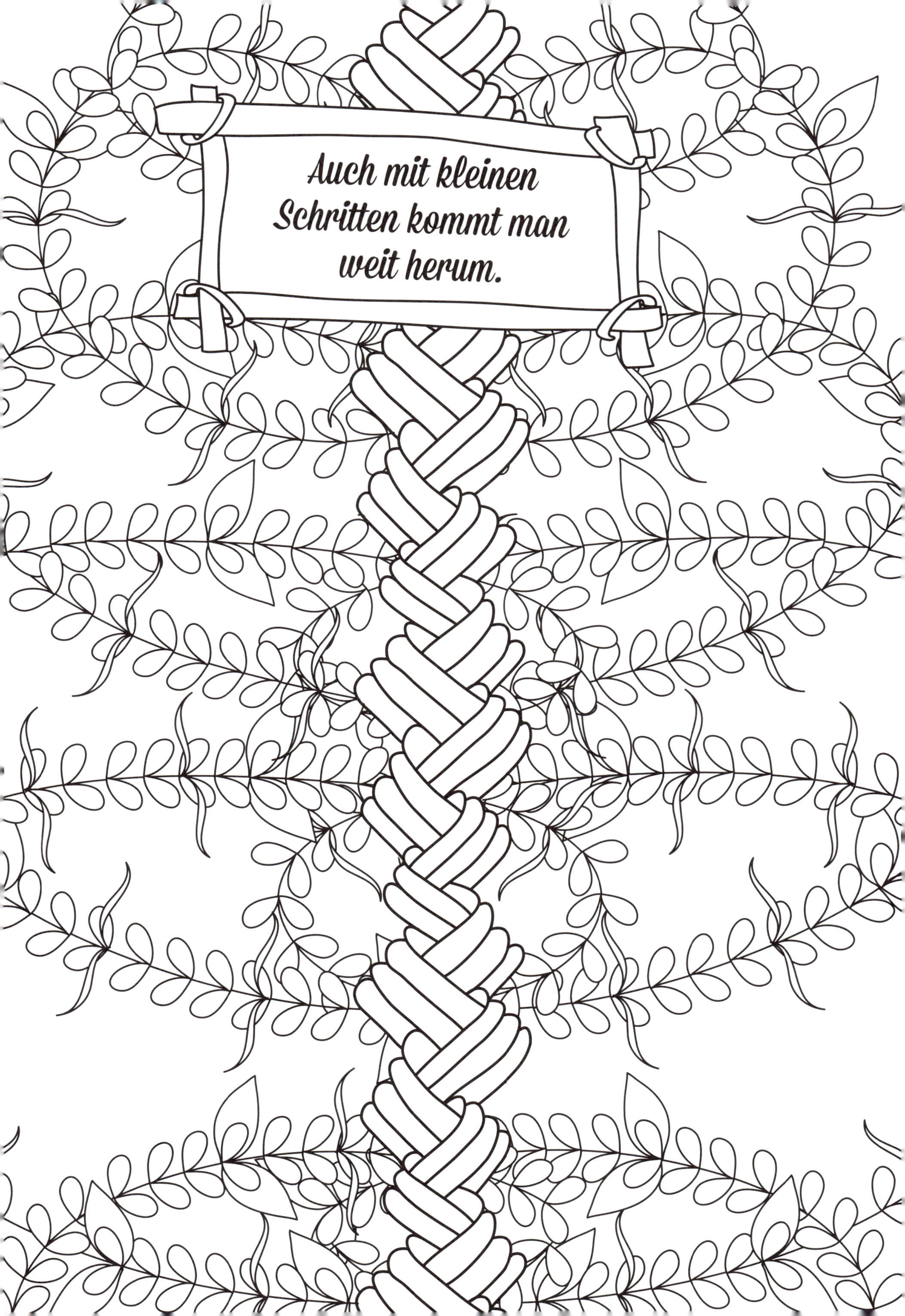
Auch mit kleinen
Schritten kommt man
weit herum.

Ohne zu denken ist nichts möglich, Denken macht alles möglich.

Es ist nützlich, unnütze Dinge zu tun.

Schuldbewusstsein ist quälender als Bedauern.

Indem ich meine
Schwächen annehme,
werde ich stärker.

Es ist nie zu spät, sich selbst zu verwirklichen.

WENN ALLES
VERLOREN SCHEINT,
BLEIBT MIR DIE
HOFFNUNG.

ZEIT
ist ein
GESCHENK.

An andere denken bedeutet an sich selbst denken.

FREUNDSCHAFT IST
DAS SALZ DES LEBENS.

ETWAS TUN, UM SICH NICHT
MEHR ZU FÜRCHTEN

Ich lebe mein Leben, es ist einzigartig.

Ich gebe einem »Warum nicht?«
den Vorzug gegenüber einem »Warum?«.

HUMOR IST
DER SCHLÜSSEL ZU
ALLEN TÜREN.

In meiner Unvollkommenheit liegt das Ideal.

Die Schönheit der Dinge ist etwas, das mich nährt.

Vertrauen ist etwas Beruhigendes.

Angesichts
Hinder
VERZICH
heißt
auf
die

EINES

nisses

TEN

Freiheit

VERZICHTEN.

Ich verwandle meine Hemmungen in Energie.

Ich mag die Freude lieber als die Hoffnung.

Sag nicht
die Zukunft voraus,
erfinde sie!

Die Wahrheit kommt schließlich immer ans Licht.

Niemand ist vollkommen.

Das Herz spricht alle Sprachen.

Wir alle sind ein Wunder.

Ich schließe Frieden mit mir selbst.

FÜHLEN HEISST LEBENDIG SEIN

Ich denke daran, an nichts zu denken.

Essen,
Trinken,
SCHLAFEN,
Lieben
und Lachen
SIND DIE
5 Pfeiler
des Daseins.

Ich habe stets die Wahl.

IM HEUTE IST DAS MORGEN
SCHON ENTHALTEN.

Nach und nach füllt sich die Seite.

Jetzt sind Sie der Künstler/die Künstlerin!

Wenn Sie möchten, können Sie sich auf den beiden folgenden leeren Seiten künstlerisch ganz frei entfalten! Schreiben Sie Ihre eigenen Gedanken auf, malen Sie Ihr persönliches Bild dazu. Viel Spaß dabei!